FRACASAR MEJOR

FRACASAR MEJOR

Martín Rangel Noguez

Valparaíso
EDICIONES

Número 414 de la Colección VALPARAÍSO DE POESÍA
dirigida por FEDERICO DÍAZ-GRANADOS

Diseño y maquetación: Chari Nogales
www.charinogales.com @chari_nogales
Imagen de portada: Martín Rangel Noguez

Primera edición: marzo de 2024

© De los poemas: Martín Rangel Noguez

© Valparaíso Ediciones
C/ Fray Leopoldo, 7 Bajo 18014 Granada
www.valparaisoediciones.es

ISBN: 978-84-10073-26-5
Depósito Legal: GR 197-2024

Impreso en España - *Printed in Spain*
Gráficas Gami

Fracasa otra vez.
Otra vez mejor.
O mejor, peor.
Fracasa peor otra vez.
Aún peor.
Hasta enfermar del todo.
Vomita del todo.

SAMUEL BECKETT

TODO PASA POR ALGO

todos los años que perdimos
tiempo ausente
tanta vida desperdiciada o no
pues como dice mi madre
todas las cosas pasan por algo
    dice
como intentando
que tuviera sentido
como si quisiera
a toda costa
creer que esta vida
y sus giros inoportunos
que este azar
que nos domina y arrastra
fuera un poco menos salvaje
un poco menos atroz

todo pasa por algo
dice mi madre
como intentando convencerse
de que esto
    (años perdidos y ganados
    abismo y gloria por igual)
es un poco menos como es
y un poco más como nos gustaría
que fuera

SIMULACRO

al final el tiempo
hizo lo suyo

lo que sentimos
ha perdido intensidad
o hemos aprendido
a pretender

aprendimos
a quedarnos
en silencio

a contener
el grito

nos volvimos
expertos en el arte
de escondernos
(incluso de nosotros
mismos)

nadie nos mira llorar
mientras trabajamos
jornadas imposibles
para ganar
sueldos que no
son suficientes

tampoco reímos
y si lo hacemos
procuramos cubrir
con vergüenza
nuestras bocas

vestimos
el disfraz de adultos
hasta que llega la noche
y el desfile termina

durante un puñado de horas
mientras navegamos el sueño
somos por fin
todo aquello que no
tenemos permitido
    sin embargo
el tiempo hace
lo que hace el tiempo
y la alarma nos avisa
            de otro amanecer
de un nuevo simulacro inevitable

SI MUERO JOVEN

si muero joven
la gente que me aprecia hablará
de aquello que dejé inconcluso
y al revisar mis antiguos textos
desearán haber leído
aquel futuro libro que no existe

si muero joven
la gente que me desprecia
leerá los libros que sí existen
con una mueca de asco
y en silencio
    pues está mal visto
hablar mal de quien ha muerto

si muero joven
los amigos de antes
lamentarán no haber estado
y dormirán abrazando a sus hijos
en una cama grande y cómoda

si muero joven
los amigos nuevos
borrachos y lanzando
golpes al cielo vacío
jugarán a alcanzarme
    y del otro lado del aire
reiremos otra vez

de los mismos chistes

si muero joven
mi madre llorará
un llanto en apariencia inconsolable
y luego va a entender que el tiempo
aquello que no destruye
lo adelgaza

si muero joven
mi padre tatuará mi nombre
    (que es nuestro)
en la zona más dolorosa de su cuerpo
y la piel sanará
mostrando otro mensaje
que nadie podrá leer

si muero joven
mi hermano pensará
que hice lo que pude
fumará y ofrendará el humo a las constelaciones
dibujará el mapa de un lugar
que sólo podrá
visitar en sueños

si muero joven
mi viuda
pasados unos días pensará
que siempre fui más
palabras que hueso y más voz
que carne

aunque quizás nunca lo diga
y no haría falta
porque si muero joven
           todo
se volvería evidente
y cobraría por fin sentido

si muero joven
quizás despierte a la noción
de que la muerte solo es
una palabra más
que he podido escribir
como tantas otras

CASA I

habitar
un lugar sin nombre
llamar 'casa'
al espacio vacío
   en el pecho
(ausencia proyectada
fuera del cuerpo)
(una armonía fatal
entre yo
y lo otro)

CASA II

habitar
un lugar sin forma
irreconocible
hallarle un sentido
a la fuerza
como se encuentran
formas en las nubes
y en los restos de café
    (habitar lo imposible
con cierta obstinación
    como negándolo)

CASA III

habitar
un lugar que es mudo
un lugar que es sordo
    y cantar
una canción de cuna
    y gritar
con la seguridad que nace
de saber que las palabras
no irán a ningún sitio

CASA IV

habitar el sueño
para estar más cerca
de la realidad

para ser libre
construir una prisión
a la medida
    llamarla *sueño*
    llamarla *hogar*
y habitarla

CUADRO NEGRO

elegí desaparecer
y teñí el paisaje
del color más oscuro
para perderme en él
para poder por fin
sentirme en casa

POETA SUICIDA

alguna vez quise ser
un poeta suicida
y que mi muerte temprana
pudiera concederme
la fama que anhelé

ahora sé que un poeta
que se envenena hasta detener
su corazón no es
necesariamente un gran poeta
y que un suicida es solo alguien
que termina con sus días
por decisión o por tedio
o por locura que no
es lo mismo que genialidad

ahora entiendo que la fama es
una aspiración que respeto
pero no comparto
prefiero que de mi locura
(confirmada por
magos y especialistas)
sean testigos las menos
personas posibles

he descubierto
que escribo
para compartir mi soledad

con aquellos que siguen despiertos
los pocos que siguen estas líneas
los que saben que a la muerte
no es necesario perseguirla
    ella llega sola y
lo que pase después
ha de estar muy lejos
de nuestro control
y nuestra voluntad

DESPERTAR

y despertar pero ya sin cuerpo
y soñar pero en otra mente
y arrepentirme pero no de mis fallas
y caminar pero bajo una luz imaginaria
y erosionar pero contra un mar quieto
y mirar mi rostro pero en otros ojos
y bailar pero en un bar que ya no existe
y sentir pero en la piel abandonada de una cobra
y decir la verdad pero en un idioma que no hablo
y contar pero en un tiempo obsoleto
y recordar pero la vida de un desconocido
y encontrar la cura pero de una enfermedad que no
padezco
y terminar de morir pero en un funeral
al que asistí durante un sueño

INTENTAR FLUIR

abandoné toda aspiración literaria
ya no participo en concursos
ni envío mis manuscritos a las editoriales
sólo escribo en revistas de amigos
que a veces me pagan y otras no
pero no me importa

hablo frente al público cuando me invitan
y cuando no me invitan evito sentir rencor
aprendo tanto como me es posible
leo todas las noches hasta quedarme dormido
libros de mis amigos y de personas que no conozco

tomo demasiadas notas
e intento vivir
cuando tengo la oportunidad de hacerlo

no quiero ser un gran escritor
y aunque escribo mucho
(más de lo que me gustaría admitir)
escribo lo que me da la gana
no persigo nada que no me persiga
dejo que las cosas sucedan
como tengan que suceder las cosas
me gustaría que el mundo cambie
pero no cambiaría mi vida

cierro los ojos

evito fumar hasta que amanezca
y deseo que esta paz
me dure para siempre
    aunque en el fondo sé
que todo cambia
y que mañana será
       otro día

FUTURO

todo aquello que no puedo imaginar
    objetos sin nombre
    palabras que solo son
    trazos sobre el papel
    dibujos
    visiones infantiles
de una realidad que se disloca

escribo la palabra futuro
e inevitablemente emprendo
una carrera en dirección
opuesta al tiempo

busco confirmarme
aquello que conozco bien:
    mañana viviré
    en una alucinación
    o en un recuerdo

PERSONA NON-GRATA

tengo 26 años
crecí bajo la tutela del dolor
bajo la guía de dos personas
que nunca supieron amarse
    que hicieron todo lo posible

(gente que amo me ha herido
    gente que amé
y he herido también a gente que me ama
    gente que me amó)

nadie aprende a amar en la teoría
se aprende a escribir escribiendo
y a amar se aprende amando
nadie que no sepa amar es un monstruo
nadie que no sepa escribir lo es tampoco
el sufrimiento no me ha vuelto
    un mejor poeta
evito provocar dolor
porque sé que no
es necesario
y que no me corresponde
pues las cosas se han de acomodar
o permanecerán en su sitio
a pesar de nuestra
              voluntad

y del dolor
    decía
que lo reservo para mí
como algún tipo de vicio
u oscura perversión
aunque he de confesar
que a veces se filtra un poco
al exterior
y entonces me pregunto
si en verdad soy
la bestia que dibujan
algunos en sus mentes
al escuchar mi nombre

ESCRIBIR MAL II

pido que mi poesía
permanezca ignorante
que la filosofía no la toque
que se quede así
infantil
   ingenua
producto del instinto
que mis palabras escapen
a toda razón
     pido

porque vale más esta intuición
(ciega interpretación de lo real
lugar seguro en la mirada)
que un paisaje plagado de dudas
   referencias cultas
   y el más estéril
dominio de las formas

SOBRE UN TEMA DE BECKETT

un fracaso más
la comida cruda o quemada
la ropa manchada de ceniza
los dientes amarillos
los zapatos sucios
el cabello despeinado
las ojeras
    (ese no estar a la altura
    de las circunstancias)
mentiras con las que me encontraré
del otro lado
    palabras como escudos
refugios temporales
excusas y justificaciones
una pretendida espiritualidad
y la adicción a los espejos
en los que miro cada noche
un fracaso nuevo
siempre mejor que el anterior

SOLAMENTE PALABRAS

un diccionario
   (solamente palabras)
un manifiesto
   (solamente palabras)
un tratado filosófico
   (solamente palabras)
la constitución política
   (solamente palabras)
una carta suicida
   (solamente palabras)
un libro de poemas
   (solamente palabras)
   o so(m)bras de palabras
que no son
   solamente palabras

WITHDRAWAL DREAMS

el sueño no termina
donde comienza lo real
sueño y realidad se mezclan
hasta un punto en que es
    imposible
       distinguir

                  (alguien que pregunta al oído

                      ¿los locos saben
                      que están locos?)

WITHDRAWAL DREAMS II

al cerrar los ojos
sombras que se expanden
     más allá de sus bordes
objetos filosos que amenazan
     con perforar el aire

          (es por completo
          imposible conciliar
          el sueño)

MEMORIA

soy una palabra
en la memoria de alguien
que ya no puede recordar
su nombre

WITHDRAWAL DREAMS II

del frenesí a la absoluta quietud
las texturas se transforman
espinas primero luego hielo húmedo
      [parar en seco
       tantear el ambiente]
escuchar la respiración
secreta de las piedras

FRUTOS VENENOSOS

el árbol que sembré
arroja frutos venenosos
que no dudo en tragar

algunos dicen que sería
mejor no hacerlo
simplemente tirarlos
esperar a la siguiente cosecha
pero no
porque fui yo
quien tiró las semillas
y (des)
    cuidó el desarrollo
de mi planta
       seré yo
quien se alimente
       y nadie más
de este fracaso

ERROR (UNA NOCHE ANTES
DEL FIN DEL MUNDO)

¿habrá sido
todo
un error?
¿cada
paso
dado?
¿cada
decisión
tomada?
¿cada
bocanada
de aire?
¿cada
mirada
capturada?
¿cada
palabra
dicha?
¿cada
pensamiento?
esto pienso
antes
de dormir
durante la noche
    una noche antes
del fin del mundo

UTÓPICO

prefiero escribir
un poema mediocre
a arriesgar mi vida
    en los filos del caos y la inercia
    en los límites de lo desconocido

ya no busco la iluminación
esa supuesta clarividencia

solo persigo una paz
que no sé si existe
una vida ordinaria:

vivir de escribir

         escribir
  y vivir

aunque parezca imposible

SÍNDROME DE ABSTINENCIA

ausencia de
dopamina
días en cama
el tiempo se expande
y pienso en Dickinson
nada pasa
no hay deseos
(no podrían concretarse)

(dibujar la paciencia
esbozar una esperanza
incrédula)

                                    (la química cerebral
                            como un rompecabezas
                                          incompleto)

OSCURIDAD CONSCIENTE

años luz de materia oscura
que no sabe de sí ni de nosotros
que no sabe que no
sabemos
ni qué hacer con nuestra
sombra
no ir hacia la luz, decía Jung
sino volver la oscuridad consciente
    (al envés de la virtud
tenderle una mano como diciendo
    está bien
entiendo que vas a quedarte
será mejor que me acostumbre
    a tu presencia)

CAER O SOLO TROPEZARSE

tras la distracción inevitable
el breve triunfo del placer
sobre todo lo demás
que importa

la carne posee
una memoria propia
y demanda
aquello que le corresponde
sin piedad

todo se posterga
ante el deseo:

una vez saciado
continuará la caminata
en silencio y
procurando siempre
evitar el roce de la luz

A PARTIR DE UN FILM DE MEKAS

palabras inocentes
escritas por personas
todo menos inocentes
líneas que conectan
mi culpa y la del resto
aquellos que este
verso alcanzará a tocar
    extensiones purificadas
de mis manos
manchadas de sangre
que otras manos manchadas leerán
buscando limpiarse
(olvidar todo e iniciar otra vez)

no sé si somos suficientes
para el tiempo
no sé si tenemos
    tantas oportunidades
    tan distintas / al final
ante los ojos de la muerte
    compartimos todos
              algún tono del azul

OTOÑOS

fragmentos de un otoño
(tiempo que solo sabe
que solo puede
repetirse)
todo es
fragmento
de un mismo otoño:

son idénticas las hojas
que han caído y caerán sobre
la piel desgastada del cuerpo
que habitamos

(un día se quebrará la piel
tras el roce de aquello que cae
pero no muere)

S. O. S

comienzo a teclear
solo tengo una cosa en mente:
he estado pensando
que escribir y
necesitar escribir
son cosas distintas

los resultados de ambas
exploraciones
    distinto a lo que
    podría creerse
no favorecen al texto
desesperado
(vísceras frescas)
sino al meditado
ejercicio de rigor
    sigo tecleando
y descubro la falla antes
de acabar la última línea
ahora solo tengo
una cosa en mente:
    que parezca que no
    lo necesitas ya
    has gritado suficiente
    pidiendo ayuda

                              (el
                        paisaje
                  interminable
               de la mente
          en blanco)

¿QUÉ SIGNIFICA UNA PÁGINA EN BLANCO?

los lugares
de la ciudad
que no aparecen en los mapas
(espacio perdido
un punto ciego en la cartografía de lo real)

SUPUESTOS

si viviéramos en paz
    no habría poesía
si estuviéramos completos
    no habría poesía
si los espejos reflejaran
la imagen idéntica
    no habría poesía
si la libertad fuera posible
    no habría poesía
si existiera una luz
siempre encendida
    no habría poesía
si la sangre permaneciera
dentro de los límites del cuerpo
    no habría poesía
si los tejidos cicatrizaran
sin dejar rastro
    no habría poesía
si tuviéramos entre las manos
el volante del futuro
    no habría poesía
así como tampoco
    habría poesía
si los poetas dijeran siempre
    y sin excepciones
        la verdad

MISE EN ABYME

saltar al abismo
buscando el final
y encontrar
solamente un bucle
      (nuestra historia
      repetida

      el ciclo
      del mismo dolor
      aunque cambie de rostro)

LITERATURA CONFESIONAL

una llana bitácora
del sufrimiento y la frustración
del miedo a estar vivo
del miedo a estar solo
una llana bitácora no puede
ser considerada poesía
son
solamente palabras
que no son suficientes
ni siquiera para aquel
que las escribe

COSAS QUE VALDRÍA LA PENA
CUESTIONARSE

me preguntan si la poesía es necesaria
si es que acaso sirve para algo
no tengo una respuesta clara
y solo me atrevería a decir
que es la única manera
que tengo de sentir
que todo ha valido
                  la pena
(las turbaciones que
        muestra mi sombra
        al proyectarse)
(eso que hace la muerte
a aquel que ya por siempre extraña)
estas palabras que arrojo
memorias que me extirpo
y no son más mías
    porque no las quiero
    porque no me pertenecen

SOÑAR NO CUESTA NADA

de toda gloria soñada
quedará solamente
el valor de permitirnos los
anhelos
pues sabemos bien
que una persona
es pocas veces más que eso:
    cuerpo que se pudre
    un deseo que no termina de saciarse
    (el vaso que
    al descubrirse casi lleno
    se derrama)

sin embargo
te has permitido soñar
imaginar que eres tú
quien hace brotar de entre el concreto
vida que es magia
(raíces de ilusión e ingenuidades)

hoy tus manos están
una vez más
vacías
y el fracaso no es el mismo
ni mejor que nada
(salvo acaso
la quietud)

ÍNDICE

Todo pasa por algo 9
Simulacro 10
Si muero joven 12
Casa I 15
Casa II 16
Casa III 17
Casa IV 18
Cuadro negro 19
Poeta suicida 20
Despertar 22
Intentar fluir 23
Futuro 25
Persona non-grata 26
Escribir mal II 28
Sobre un tema de beckett 29
Solamente palabras 30
Withdrawal dreams 31
Withdrawal dreams II 32
Memoria 33
Withdrawal dreams II 34
Frutos venenosos 35
Error (una noche antes del fin del mundo) 36
Utópico 37
Síndrome de abstinencia 38
Oscuridad consciente 39
Caer o solo tropezarse 40

A partir de un film de mekas 41

Otoños 42

S.O.S 43

Qué significa una página en blanco? 45

Supuestos 46

Mise en abyme 47

Literatura confesional 48

Cosas que valdría la pena cuestionarse 49

Soñar no cuesta nada 50